AF246091

OBSERVATIONS

DE LA

COMPAGNIE DES AVOUÉS

PRÈS LE TRIBUNAL DE PREMIÈRE INSTANCE DE LA SEINE

SUR LE

PROJET DE LOI

RELATIF A LA VENTE JUDICIAIRE D'IMMEUBLES APPARTENANT A DES MINEURS

PRÉSENTÉ

PAR M. TURQUET

M. Turquet s'est préoccupé de diminuer les frais de vente d'immeubles appartenant à des mineurs, tout en assurant à ces derniers une protection plus efficace.

Si le projet n'avait d'autre but, il rencontrerait assurément toutes nos sympathies, mais malheureusement il ne simplifie rien ; — ce sont des formes nouvelles qui remplacent les anciennes, — et, sans assurer un avantage, une économie pour les mineurs, il a l'inconvénient grave de modifier des principes fondamentaux, et d'enlever à la faiblesse et à l'inexpérience l'appui que la loi a voulu leur donner.

Depuis longtemps déjà, on s'est préoccupé des frais qui grèvent la transmission de la petite propriété. Des projets nombreux ont été présentés, et toujours les innovations, ne s'attaquant qu'à la forme, ont dû être repoussées par le motif qu'une disposition qui modifiait les règles tracées par le Code civil ne pouvait pas être insérée dans une loi qui ne s'occupait que de la procédure.

La proposition de l'honorable M. Turquet a le même inconvénient ; — en renversant les lois protectrices de la minorité, elle détruit la loi civile et les prescriptions que nos législateurs ont si judicieusement édictées en faveur des incapables.

Tout le système repose sur les deux propositions suivantes :

1° Substitution absolue du juge de paix au Tribunal en toute matière concernant les ventes de biens dans lesquelles sont intéressés des mineurs ;

2° Substitution absolue des notaires aux avoués pour la réalisation de ces biens.

Le tout par analogie avec une disposition de la loi Belge.

Nous n'avons pas à examiner la législation Belge ; les lois de chaque peuple sont appropriées à son tempérament et à ses habitudes ; qu'elles soient bonnes ou mauvaises, dès qu'il s'en accomode, peu importe aux peuples voisins. — Vraisemblablement, diverses parties de nos Codes imposés à la Hollande par la conquête répugnaient à ses usages, puisqu'aussitôt après les traités de 1815, elle s'est empressée de revenir à son ancien système de vente.

L'argument de comparaison, qui a peu de valeur par lui-même, cesse d'en avoir aucune, lorsque, comme dans l'espèce, les magistrats et officiers publics dont on s'occupe n'ont pas les mêmes attributions, tout en ayant la même dénomination.

En Belgique, le juge de paix est réellement un juge du premier degré. — C'est par ces fonctions que débute le magistrat. Aussi sont-elles confiées à de jeunes docteurs ou licenciés en droit.

En France, les fonctions de juge de paix, en tant que juge, sont excessivement limitées puisque, sauf les matières qui ne donnent pas lieu à des difficultés sérieuses, comme le paiement des loyers, les dommages aux champs, etc..., il ne juge, en dernier ressort, que jusqu'à concurrence de 100 francs et à charge d'appel jusqu'à 200 francs. Il tient presqu'exclusivement un Tribunal de famille, de paix et de conciliation, et dans les campagnes qui sont surtout l'objet de la sollicitude de l'auteur de la proposition, il est officier de police judiciaire et même parfois mêlé à la politique. Aussi les qualités requises pour remplir ces fonctions ne sont-elles pas les mêmes qu'en Belgique, et les docteurs, voire même les licenciés en droit, sont-ils loin de former dans les campagnes la majorité des juges de paix et de leurs suppléants. La fréquence des mutations, l'étendue des ressorts ont singulièrement aussi concouru à diminuer le prestige de l'institution et la prépondérance que cette situation pouvait donner.

Dans de telles conditions, un juge unique donnera-t-il, au point de vue des intérêts si multiples et si considérables des mineurs, une protection suffisamment efficace ?

Les inconvénients attachés au juge unique seront singulièrement aggravés par la suppression absolue du ministère public, protecteur nécessaire de tous les incapables.

Est-ce là une simple réforme de procédure ; n'est-ce pas au contraire s'en prendre aux bases fondamentales de notre législation ?

Y a-t-il là un avantage, une protection plus efficace pour les mineurs ?

Assurément non.

On ne peut soutenir que l'intervention du notaire en remplacement des avoués soit de nature à simplifier les choses et à donner aux intérêts des mineurs cette garantie dont le Code se préoccupe à tout instant, et que les dispositions nouvelles du projet ne sauraient remplacer.

C'est transporter à une autre classe d'officiers ministériels les mesures d'exécution, c'est un changement de forme sans profit, sans économie pour le mineur, et qui, en lésant ses intérêts, comme nous allons le démontrer, blesse aussi, pour nous servir des termes du rapport, des intérêts privés.

L'intérêt privé ne peut-il pas compter aussi, et doit-il absolument et sans nécessité aucune, être sacrifié, sous la promesse toujours faite de modifications et de compensations que l'on est encore à attendre?

Nous avons ainsi parcouru le projet et relevé les éléments principaux des modifications qu'il propose, et nous ne craignons pas d'affirmer que ces modifications ne peuvent, en aucun cas, donner au mineur une protection plus efficace, pas plus qu'elles n'abrègeront les délais et n'apporteront une économie appréciable aux frais de mutation de la propriété.

Il nous reste à le démontrer, et cette démonstration facilement faite, nous l'espérons, servira à indiquer les causes de l'élévation des frais et le moyen, s'il est possible, d'y remédier.

Dans le projet, le Conseil de famille et le juge de paix vont remplacer le Tribunal.

Le juge de paix préside la réunion du Conseil de famille, il reçoit communication du cahier des charges, et veille à ce que les conditions de la vente arrêtées par le Conseil de famille y soient insérées. — Il règle le mode de publicité.

Sur tout ce qui décide de la fortune du mineur, c'est le Conseil de famille qui prononce : c'est lui qui autorise la vente, fixe la mise à prix, désigne le notaire qui y procédera, assigne l'emploi obligatoire des prix de vente.

Au point de vue de la réalisation, c'est le notaire qui va intervenir, et son intervention laisse subsister toutes les formalités.

Comme l'avoué, il fait le cahier des charges, la sommation le cas échéant au subrogé-tuteur, les placards et appositions d'affiches, l'insertion légale, la publicité sommaire.

Tout reste dans le projet, sauf le cas où, dans les ventes de minime importance, le juge de paix peut autoriser l'insertion légale par extrait.

Une seule économie semble réalisée, une seule formalité évitée, — l'homologation de la délibération du Conseil de famille, et seulement dans le cas où le juge de paix n'est pas d'un avis contraire à la majorité.

Avant de confier aux Conseils de famille le soin de déterminer les mises à prix et les conditions de la vente, il faut se rendre compte de la composition de ces conseils, et surtout dans les campagnes, de l'insuffisance des membres qui y sont appelés. Des amis, des voisins convoqués à raison de l'éloignement des parents, des mandataires étrangers, qui le plus souvent représentent ces derniers, auront-ils eu soin de se renseigner sur la fortune du mineur, sur la valeur de ses immeubles, et pourront-ils sainement et sûrement apprécier les éléments d'une fixation des mises à prix ? — Quelle compétence peut-on espérer trouver en eux pour régler les conditions de la vente ? — Le juge de paix lui-même, dont les attributions sont déjà si multiples, pourra-t-il s'astreindre à tous les travaux de détail que cet examen exigera ?

Ou bien le conseil acceptera les éléments d'appréciation, les indications fournies par le tuteur, et, soit par respect pour sa situation, soit lien de famille et désir de conserver l'harmonie et la bonne union, ce qui sera proposé sera décidé;

Ou bien les membres du Conseil voudront se renseigner personnellement, ils ne voudront statuer qu'en pleine connaissance de cause, ils ajourneront leur décision, ou provoqueront l'appréciation d'experts.

Dans tous les cas, ce sera un retard, et s'il y a expertise, un surcroît considérable de frais.

Et qu'on ne s'y trompe pas, laisser au conseil de famille de pareilles décisions à prendre, c'est supprimer la loi de 1841, et ramener aux opérations d'expertise.

Bien d'autres avant nous ont démontré sans peine ce que ces expertises prenaient de temps et créaient de frais. Le projet ne semble pas les redouter, puisqu'il s'inspire des usages belges où l'expertise est en constante pratique.

Les attributions confiées aux Conseils de famille suppriment, avec l'intervention du Tribunal dont la pratique n'a cessé de démontrer l'utilité pour la solution de ces différentes questions, la nomination d'un juge-commissaire et la communication au ministère public.

Le mode de réalisation proposé va-t-il au moins offrir des avantages pour le mineur?

Tout d'abord c'est un renvoi forcé de toutes les ventes devant notaire, au lieu de renvoi facultatif.

On se demande quel peut être le but et l'intérêt de cette partie du projet, car il ne s'agit plus ici de l'intérêt des parties à un titre quelconque; l'intérêt des mineurs est complétement dégagé, à moins qu'on ne veuille supprimer l'émolument relatif aux ventes, ce qui n'apparaît pas.

Jusqu'ici les tribunaux, juges des circonstances, retiennent les ventes à la barre ou les renvoient devant notaire. Les parties, d'ailleurs, vigilantes de leurs intérêts, sollicitent la mesure qui leur paraît le plus convenable. — Pourquoi modifier cet état de choses qui permet à la justice de statuer dans chaque espèce, de façon à assurer la réalisation la plus utile? — Quel est l'intérêt pratique ou juridique d'une pareille disposition?

Nous avons parlé plus haut des habitudes des populations auxquelles il convient d'avoir égard.

Dans les pays de droit écrit, toutes ventes concernant les incapables se faisaient, par l'intermédiaire du juge, par adjudication.

Dans le Nord, au contraire, particulièrement en Belgique, le mode de vente par devant notaire était préféré. La France se ressent de ces tendances, car la statistique officielle nous montre que le nombre des adjudications à la barre l'emporte dans le Midi et qu'il est moindre dans le Nord (la proportion est de 93 pour 100 dans le Midi). Pourquoi ne pas maintenir aux juges et aux parties l'option raisonnée que leur a laissée la loi.

Le notaire sera désigné par le Conseil de famille à l'unanimité, dit le projet, ou à défaut par le président du Tribunal où la succession sera ouverte. Il procédera à la vente devant le juge de paix de son ressort. Ajoutons qu'il peut y avoir autant de renvois que d'immeubles situés dans des centres différents, et que vendeurs et amateurs devront se transporter de justices de paix en justices de paix pour suivre une même réalisation.

La désignation du notaire par le Conseil de famille ou le président du Tribunal sera infailliblement la cause d'inconvénients nombreux dont le moindre serait une compétition incompatible avec la dignité des officiers ministériels. — Que sera-ce si, comme cela arrive si fréquemment, le notaire est le suppléant du juge de paix, de la décision duquel peut dépendre sa désignation ?

Le notaire doit communiquer au juge de paix le cahier des charges, et, en cas de dissentiment entre eux relativement aux modifications que réclamerait ce magistrat, le Président du tribunal du ressort du juge de paix statue en état de référé sans recours contre sa décision.

Le projet ne prévoit de difficulté qu'entre le notaire et le juge de paix, et le juge de référé sera le juge d'appel du juge de paix.

Des parties, il n'en est pas question ; si elles ont des observations ou des critiques à faire, le juge de paix ni le notaire ne pourront s'en faire juges.

Peut-on admettre que le notaire et le juge de paix, seuls, se fassent les représentants et les défenseurs des parties devant le juge du référé, et que le recours au Tribunal soit fermé à celles-ci pour la défense de leurs intérêts ?

Nous avons déjà rappelé les occupations multiples du juge de paix. — Comment pourra-t-il examiner tous les cahiers des charges; à Paris surtout, où le nombre en est considérable, le temps matériel lui manquera absolument.

Et s'il y a des erreurs ou des omissions, qui est-ce qui les signalera, qui est-ce qui y suppléera? — Il faudra réunir un nouveau Conseil de famille.

S'il survient des raisons de nature à suspendre la vente ou à en modifier les conditions, comment procédera-t-on?

Le projet va plus loin : il ne réserve pas aux mineurs seuls les avantages de ses dispositions, il donne aux majeurs indivis avec eux la faculté de procéder dans les mêmes formes, avec cette seule différence que, dans ce cas, l'homologation de la délibération devra être poursuivie devant le Tribunal.

Si le législateur a entouré la vente des immeubles dans lesquels des mineurs sont intéressés de certaines formalités, c'est dans un but de protection pour ces mineurs. Ici la disposition nouvelle laisse les mineurs à la discrétion des majeurs. L'accord se fera facilement lorsque les majeurs verront leur intérêt à suivre le mode indiqué. C'est lorsqu'il s'agira de dépouiller les mineurs. Comment pourra-t-il en être autrement, puisque tous les intérêts seront dans la même main, d'abord, du même avoué imposé pour tous les co-propriétaires, ensuite du même notaire choisi par les majeurs et le représentant de l'incapable qui, la plupart du temps laissera faire. N'est-il pas évident que les parties majeures seront entièrement maîtresses de la position; qu'elles seules exerceront leur influence pour la composition des lots, pour les mises à prix, les conditions et l'époque de la vente, pour l'accomplissement des formalités qu'elles augmenteront ou restreindront au gré de leur caprice et de leur intérêt particulier. Cette disposition facultative ne sera donc pas seulement illusoire dans le plus grand nombre des cas, elle sera très-souvent dangereuse au point de vue des intérêts de ceux qu'elle devrait surtout protéger.

Le projet ne vise que la réalisation des immeubles, soit indivis, soit appartenant exclusivement à des mineurs. Il irait directement contre son but si l'article 963 devait régler la vente d'immeubles dépendant d'une succession dont il y aurait lieu, en même temps, de faire ordonner la liquidation : En effet, dans l'état actuel, c'est le même jugement qui ordonne la liquidation et le partage et prescrit la vente. — Dans le projet nouveau, on vendra les immeubles si l'accord intervient, mais la vente n'aura pour effet que de faire cesser l'indivision quant aux immeubles, il faudra revenir devant le Tribunal pour faire prononcer la liquidation et le partage, et alors au lieu d'une procédure il y en aura deux, l'une pour la vente, entraînant des frais à peu près aussi élevés que ceux nécessités par la législation actuelle, l'autre pour la liquidation et le partage.

M. Lanel, dans un amendement au projet, propose, lorsqu'ils'agira de partage, soit entre mineurs, soit entre majeurs et mineurs, de déléguer au Conseil de famille le droit d'autoriser les représentants des incapables à procéder à l'amiable devant le notaire qu'il désignera à cet effet.

Mais, s'il y a plusieurs branches de mineurs, quel sera alors le Conseil de famille qui déterminera les conditions du partage, chacune des branches devant nécessairement avoir un Conseil de famille propre? Qui décidera entre les divers Conseils ? — Qui jugera les contestations ? — Poser la question, c'est démontrer l'insuffisance de la proposition.

Mais l'amendement va plus loin. Il pose comme principe qu'il ne sera pas nécessaire de faire entrer dans chaque lot la même quantité de meubles, d'immeubles, de droits ni de créances. Il renverse ainsi dans une loi de procédure les règles édictées par le Code civil.

N'est-il donc pas plus sage de maintenir intactes les prescriptions de notre loi civile et de laisser aux tribunaux la surveillance et la direction des intérêts des mineurs. Ce sera toujours à leur plus grand avantage. Et pour ne parler que du cas de licitation, n'est-il pas évident que le plus souvent la vente faite en justice, à la barre du Tribunal, est la forme la plus protectrice pour eux.

Si le mineur reste adjudicataire, il a vingt jours pour faire homologuer la liquidation, et l'attribution qui lui est faite de l'immeuble lui économise les droits de mutation.

La vente a-t-elle lieu devant notaire ; — le délai n'étant plus que de dix jours, à cause de la nécessité d'enregistrement, dans ce délai, du procès-verbal d'adjudication, toute homologation devient impraticable, et le mineur adjudicataire paie les droits comme un étranger.

Mais ce n'est pas là le seul avantage qu'il perd ; l'article 707 du Code de procédure civile n'a plus d'application si la vente n'est pas judiciaire.

D'après le projet, les enchères pourront être faites par toute personne, sans ministère d'avoué.

Qui donc alors garantira l'identité, la capacité et la solvabilité des adjudicataires ? Nous admettons que ces garanties puissent à la rigueur se trouver devant un notaire de campagne, mais à Paris et dans les grands centres, il est impossible d'admettre qu'elles se produisent.

En ce qui concerne l'absence de sécurité d'enchères faites publiquement devant notaires, nous chercherions en vain à résumer l'ensemble des critiques que peut soulever ce mode d'adjudication mieux qu'il ne se trouve indiqué dans un jugement rendu par le Tribunal de Caen le 3 décembre 1862, dont voici les termes :

« ..... Le Tribunal de première instance de Caen a rendu publiquement le jugement suivant :

« Le 3 décembre 1862,

« Étant à la suite d'une requête présentée par M. Eugène L. D..., demeurant à Ussy, et joints, — ladite requête tendant à faire renvoyer la vente des immeubles dépendant de la succession du père Saint-François-Daniel L. D..., devant M⁰ Muller, notaire à Caen.

« Vu la requête, etc...

« Attendu, en ce qui concerne le mode de vente, qu'il appartient aux tribunaux de choisir celui qui leur paraît le plus avantageux dans l'intérêt des créanciers de la succession bénéficiaire ;

« Attendu que les immeubles composant ladite succession sont situés dans les communes de Saint-Martin-de-Fontenay et Saint-André-de-Fontenay, voisines de Caen ; — Que les parties reconnaissent qu'ils peuvent être vendus sans inconvénient dans cette ville, puisqu'elles demandent que la vente ait lieu devant un notaire de Caen ;

« Attendu que les immeubles à vendre sont divisés en dix-huit lots ;

« Attendu que si l'adjudication était renvoyée devant un notaire, les habitants desdites communes qui voudraient acquérir, se trouvant directement en présence et connaissant leurs intentions réciproques, se concerteraient entre eux en établissant à l'avance une sorte de partage des immeubles, de manière à ne pas enchérir les uns sur les autres ;

« Attendu qu'il pourrait se faire ainsi qu'il se trouvât parmi les enchérisseurs un propriétaire influent qui écarterait par sa seule présence les petits concurrents qui auraient l'intention de lui disputer un morceau de terre à sa convenance ;

« Attendu qu'il ne serait pas au pouvoir du notaire d'empêcher ces abstentions et ces transactions qui se font le plus souvent dans son étude, à son insu, quelques instants avant la mise aux enchères ;

« Attendu d'ailleurs que les amateurs sont dans l'habitude de prendre connaissance du cahier des charges chez le notaire ; que leurs noms et leurs intentions se trouvent ainsi connus et laissent ouverture aux dangers qui viennent d'être signalés :

« Attendu que ces dangers n'existent pas ou sont beaucoup moindres à l'audience des criées ; — Qu'en effet, ceux qui voudront enchérir choisiront secrètement leurs avoués, qui vérifieront seuls le cahier des charges sans qu'on sache dans quel intérêt ; que chaque avoué aura seul le secret du nom et des intentions du client, qui pourra même s'abstenir de paraître à l'audience, et que les concurrents s'ignorant respectivement, il y aura des chances sérieuses de vendre aux conditions les plus avantageuses.....

« Le Tribunal..... ordonne que les immeubles désignés en la requête, soient vendus aux enchères publiques à la barre du Tribunal..... »

Il reste un point que nous ne devons avoir aucune hésitation à aborder.

L'auteur du projet veut bien reconnaître que des intérêts privés seront lésés ; — en effet, ceux des avoués le sont au premier chef.

Si les avoués, après la suppression des charges de procureurs, ont été reconstitués en Compagnie, ce n'est pas dans un intérêt absolument privé : c'est dans un intérêt général, après des abus reconnus de tous ; si on leur accorde quelques droits, c'est à côté de devoirs multiples ; ils sont les auxiliaires immédiats de la Justice : il importe qu'ils aient une position honorable et indépendante qui les mette à même de prêter à la justice un concours efficace, honnête, digne et éclairé ; ils ont droit à la protection des magistrats sous les yeux et sous le contrôle desquels ils fonctionnent chaque jour. — Les rémunérations du tarif de 1807 sont de l'aveu de tout le monde insuffisantes ; le renchérissement de toutes choses, l'augmentation des droits les ont rendues illusoires : la suppression des procédures onéreuses, pour les parties, a privé les avoués de droits sur lesquels ils devaient légitimement compter et qui n'ont jamais été remplacés malgré les promesses faites à plusieurs reprises.

La participation à la réalisation des immeubles, dans des conditions déterminées, constitue un allégement aux charges qui pèsent sur eux ; l'honoraire proportionnel est une légitime et équitable rémunération qui n'a jamais subi aucune critique sérieuse ; c'est de ces émoluments, qu'ils n'ont même pas à prélever dans les ventes où le prix d'adjudication est inférieur à 2,000 francs, qu'il s'agit de les priver sans intérêt pour les parties, uniquement pour les transporter à une autre classe d'officiers ministériels.

Là encore, il s'agit de toucher aux décrets qui ont déterminé les attributions des diverses Compagnies d'officiers ministériels, car les notaires seraient amenés à faire des procédures qui rentrent dans le domaine des avoués.

L'adoption de ce projet de loi produirait un tel amoindrissement des fonctions d'avoué, qu'il équivaudrait à leur suppression, malgré les chimériques compensations auxquelles il est fait allusion par forme d'acquit.

Si la vente judiciaire d'immeubles de peu d'importance nécessite, dans l'état actuel, des frais évidemment trop considérables, la faute n'en est pas aux émoluments que le tarif de 1807 a alloués aux avoués, puisque. pour les ventes inférieures à 2,000 francs, comme nous venons de le dire, ils n'ont aucun droit proportionnel, et que dans plusieurs grandes villes, et à Paris notamment, ils ont renoncé à tout émolument dans les ventes dont la mise à prix est inférieure à 500 francs ; mais cela tient à l'élévation toujours croissante des droits de timbre, d'enregistrement, de greffe et d'hypothèque.

En effet, les émoluments des officiers ministériels sont restés immuables, tandis que les droits du Trésor ont été successivement augmentés. Pour n'en citer qu'un exemple, on peut rappeler que la demi-feuille de timbre, qui coûtait autrefois 25 centimes, coûte actuellement 60 centimes.

L'enregistrement des actes nécessaires pour parvenir à la vente et les droits de mutation ont progressé dans les mêmes proportions ou à peu près.

Bien des travaux ont été faits à l'occasion des divers projets qui, à différentes époques, ont été mis à l'étude. Les chiffres posés ont démontré que les droits perçus par le Trésor s'élevaient à plus de 9 pour 100, alors que les frais et émoluments des avoués n'atteignaient pas 3 pour 100 du prix des ventes de faible importance. Nous n'avons pas à revenir sur une démonstration déjà et depuis longtemps faite.

On comprend que le Gouvernement se soit ému d'une pareille situation et ait voulu y porter remède. Le projet présenté par

M. Dufaure est de nature à atteindre ce but, en partie au moins ;
celui de M. Turquet ne le réalisera certainement pas.

Peut-être peut-on aller plus loin :

M. Riché disait en 1867 : « C'est moins dans les perceptions des
« officiers ministériels que dans la mauvaise assiette de certaines
« lois fiscales, que gît l'abus qui rend si souvent la Justice trop
« dispendieuse. »

C'est donc une question d'impôts et non de procédure.

En effet, le Trésor perçoit des droits de deux natures différentes :
les uns proportionnels à l'importance des intérêts engagés, les
autres fixes, et on sait à quel point ces derniers pèsent sur les ventes
de peu d'importance.

Que faut-il faire pour porter remède à cette inégalité et réparer
cette injustice sans enlever au Trésor des ressources qui lui sont
indispensables ? — Supprimer les droits fixes d'enregistrement et
les remplacer par une augmentation des droits proportionnels.

Cela est-il possible et pratique ? — Nous le croyons, et nous nous
permettons d'appeler sur cette réforme l'attention de la Chambre
et de M. le Ministre des finances.

Nous croyons avoir entièrement résumé l'économie du projet
présenté, nous croyons aussi avoir démontré que les réformes pro-
posées, loin de présenter un intérêt quelconque pour les mineurs,
n'auraient pour effet que de les priver des garanties les plus essen-
tielles, en substituant un simple juge de paix au Tribunal et en
supprimant le ministère public ; sans apporter aucune économie
dans les frais de transmission des immeubles leur appartenant.

Nous ne saurions trop insister sur l'impossibilité d'une réforme
dont les propositions, soit dans le projet de M. Turquet, soit dans
l'amendement de M. Lanel, attaquent si profondément les principes
fondamentaux du Code civil.

Quand il s'agit de la vente d'un immeuble appartenant à un mineur, quand un partage s'opère avec des incapables, la vente et le partage doivent avoir lieu en Justice avec toutes les formalités et les précautions édictées par nos Codes. Si on manque à ces prescriptions, il n'y a pas de vente, il n'y a pas de partage régulier.

Tant qu'on voudra modifier seulement le Code des formes, il sera impossible de comprendre dans des modifications de cette nature le renversement des lois régulatrices des partages de famille et protectrices des droits des incapables.

25494   Imp. V⁵ᵉˢ Renou, Maulde et Cock, rue de Rivoli, 144.

Quant à l'objet de la vente d'un immeuble appartenant à un mineur, ... la vente et le partage ... avec toutes les formalités et les prescriptions établies par nos Codes. Si on manque à ces prescriptions, il n'y a pas de vente, il n'y a pas de partage régulier.

... vente inédite seulement la dernière des formes, il sera impossible de ... être dans des modifications de caractère ... et protéger les intérêts des incapables.